RÉPUBLIQUE

ET

MONARCHIE

PRIX : 50 CENTIMES

PARIS

E. LACHAUD, LIBRAIRE-ÉDITEUR

4, PLACE DU THÉATRE-FRANÇAIS, 4

1872

—

Tous droits réservés.

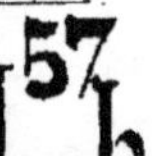

Versailles. — Imp. de E. AUBERT.

RÉPUBLIQUE

ET

MONARCHIE

VERSAILLES. — IMPRIMERIE DE E. AUBERT

6, Avenue de Sceaux, 6

RÉPUBLIQUE

ET

MONARCHIE

A fructibus eorum cognoscetis eos.
(MATTH., VII, 16.)

——— ❧ ———

PARIS

E. LACHAUD, LIBRAIRE-ÉDITEUR

4, PLACE DU THÉATRE-FRANÇAIS, 4

1872

—

Tous droits réservés.

Celui-là est vraiment le parti national, qui apparaît à l'origine et au terme de la crise, qui, après avoir subi toutes les vicissitudes de la guerre, se retrouve à la fin encore assez fort et est devenu assez sage pour rétablir lui-même la paix.

(Guizot.)

L'Étude qu'on va lire n'est guère que la collection de quelques articles de journaux récemment publiés et bienveillamment accueillis par l'opinion conservatrice.

Nous nous permettons de la dédier respectueusement à la majorité, monarchique ou libérale, de l'Assemblée, croyant que dans le parallèle rigoureusement historique que nous avons essayé d'établir entre les deux régimes que représentent l'avenir et le passé de la France, cette majorité retrouvera, du moins en partie, ses propres idées.

Ne rapetissant pas les institutions actuelles jusqu'à n'attribuer leur force morale qu'à leur indispensabilité, nous estimons assez les hommes honorables qui leur apportent leur concours, pour ne pas leur dire que s'ils les conservent, c'est qu'ils ne peuvent faire autrement. Non. Pour de bons citoyens, les aspirations personnelles ne sont pas plus un obstacle au devoir que la forme du gouvernement n'est un malheur pour la patrie, devoir et patrie primant tout, justifiant et glorifiant tout, et ce gouvernement d'ailleurs — ce qui rend l'argument sans réplique — ne demandant à ces aspirations personnelles le sacrifice d'aucune de leurs réserves, l'abandon d'aucune de leurs prédilections politiques.

Quand M. Thiers disait, après 1848, que la République était le terrain qui divisait le moins, prévoyait-il qu'à vingt ans de distance il montrerait qu'elle était celui qui rapproche le plus?

Dans tous les cas, les événements ont donné aux paroles du député d'alors, devenu aujourd'hui le chef de l'État, une autorité bien autrement puissante que la sagacité et l'expérience d'un homme, même de cette valeur. Ce qui n'était, à cette époque, qu'une constatation ou un conseil, est devenu une raison de salut public et une vérité sociale.

Et si les partis monarchiques à qui la trève de Bordeaux fit tant d'honneur, tenant à ne pas démentir la bonne renommée qui leur en échut dans le pays, ne marchandent plus que faiblement à la République assise, inébranlée, acclamée par la reconnaissance universelle, le dévouement entier et sans arrière-pensée qu'ils apportèrent alors à la République chancelante, impuissante, suspecte, à peine reconnue par ses plus anciens admirateurs; — c'est qu'ils comprennent de plus en plus clairement que la Monarchie, devenue impossible ou conservant des chances, ne les dégage vis-à-vis de leur pays d'aucun des engagements qu'ils ont pris et respectés envers un pouvoir qui a respecté aussi tous les siens.

Leurs votes, leur langage, l'appui qu'ils ont prêté au gouvernement sur toutes les questions essentielles, n'ont fait que démontrer matériellement cette vérité que nous allons développer nous-même : qu'entre une forme politique qui ne froisse que l'opinion individuelle, mais qui sauve la France, — et une restauration dont les premières conséquences seraient l'anarchie et l'invasion, il n'y a pas de choix pour les honnêtes gens.

Le spectacle qu'ils ont maintenant sous les yeux, en se retrouvant au mileu de leurs électeurs, ne leur laisse même plus l'embarras de ce choix. *Aut Cæsar, aut nihil*, disait Charles-Quint à ses électeurs d'empire. — La République conservatrice ou rien, dit la nation à ses mandataires.

Conservatrice! Ce mot d'origine monarchique, transformé en programme et en symbole démocratiques, et devenu aux yeux de l'Europe la garantie des destinées futures de la France, quel enseignement pour tous les partis et quelle gloire pour l'homme qui a fait, en moins de dix-huit mois, au sortir de tant de malheurs, de bouleversements et de hontes, ce miracle de régénération, de concorde et de grandeur! Mais quelle récompense aussi pour ceux qui, partis de points si opposés, sont venus, au seul appel du bien public, prendre leur part de l'œuvre commune, et n'abandonnant à aucun moment et sous aucun prétexte, tant qu'il continuera à être le plus digne, c'est-à-dire le plus conservateur, ce pouvoir voulu et institué par eux, — contribueront à la stabilité définitive comme ils ont collaboré à la fondation provisoire! « L'essai loyal, » ainsi nommé à raison de leur loyauté même, n'est plus aujourd'hui qu'un problème irrévocablement résolu.

La session qui vient de finir en est la preuve évidente.

On peut reprocher à l'Assemblée, et avec raison, d'avoir perdu beaucoup de temps, sacrifié un peu trop à l'éloquence et à la vanité, mal réparti sa besogne et laissé inachevées des lois d'une importance capitale. Mais ce qu'il y a de certain aussi, c'est qu'à côté de beaucoup d'agitations gratuites et de discussions stériles, elle a mené à fin de grandes et sérieuses mesures, telles que l'Emprunt, le Budget de 1872, la loi sur l'armée, les lois d'impôts nouveaux, d'organisation intérieure, et que les commissions d'enquête ont abouti à de très précieux résultats.

Une chose pourtant domine la question des travaux proprement dits, bons ou mauvais, opportuns ou inutiles, définitifs ou provisoires, de la Représentation nationale. A la fin de chaque session, ce qu'il est urgent de constater surtout, c'est le bilan moral et politique, l'esprit. l'attitude, les tendances. et, si l'on peut parler ainsi, le caractère et les mœurs du grand Corps qui va chercher au milieu du pays la récompense, ou tout au moins l'appréciation de ses actes.

Eh bien ! très franchement, nous ne croyons pas que cette épreuve soit défavorable à l'Assemblée, et que, dans le jugement qu'elle va solliciter, la somme du bien ne l'emporte sur celle du mal et l'esprit républicain sur l'esprit monarchique.

Il s'est passé pendant cette session des scènes assurément affligeantes. Il y a eu des tentatives de conflits, des manifestations imprudentes ou coupables, des oublis de dignité, des prétentions, des empiétements, des atteintes essayées au droit et au sentiment national, des résistances qui eussent pu amener des crises, paralyser les négociations dont on connaît le merveilleux dénouement, et exposer le pays soit à l'anarchie intérieure, soit à un supplément de garanties prises par l'étranger sur le territoire.

Mais contre tout cela la majorité la plus compacte s'est toujours affirmée avec autant d'élan et de désintéressement qu'elle l'avait fait en faveur de toutes les propositions sérieuses et utiles du Gouvernement. Et non-seulement cette majorité, composée de nuances très diverses et qui se chiffrait toujours par plus de cinq cents voix, a donné gain de cause, dans les votes d'ensemble, à la République conservatrice ; mais on peut dire que, même dans le sein de chacune des deux grandes fractions monarchique et républicaine, la majorité n'a pas suivi les meneurs ou les aventureux qui, soit au nom d'une dynastie, soit en invoquant les principes révolutionnaires, se séparaient du gros de leur parti.

Ainsi, la droite a laissé se commettre les manifestations de Lille, de Lucerne, d'Anvers, dont le ridicule est retombé sur leurs organisateurs. Ainsi, la gauche, malgré ses sympathies secrètes, s'est bien gardée de suivre sur le terrain de la dissolution et à la table où banquetaient certaines passions doctrinales, les orateurs de la République de droit divin, amendés et convertis aujourd'hui.

Ainsi encore, la commission du Budget de 1872, dont les lenteurs calculées et le mauvais vouloir se traduisaient par des luttes véritables avec le Gouvernement et s'interprétaient dans un sens monarchique, finalement abandonnée par la Chambre, n'a pu faire passer aucune de ses innovations en matière d'impôts.

De même, chaque fois qu'une coterie, un intérêt, une opposition, une rancune, prenant corps et parole, ont imaginé de provoquer des explications et de formuler des mises en demeure, l'ordre du jour pur et simple en a dédaigneusement fait justice. Et quand une scission paraissait, comme par exemple à propos des matières premières, de la loi sur l'armée ou du Conseil d'Etat, indubitable et inévitable, n'a-t-on pas vu, sur un simple appel du chef de l'Etat au bon sens et au patriotisme, l'Assemblée se rallier à celui qu'elle considérait comme parlant au nom de l'utilité générale ?

Cette politique d'apaisement, de tolérance et de loyauté que M. Thiers a réussi, non sans peine, à installer dans l'Assemblée et à faire applaudir par la droite comme par la gauche, a porté ses fruits, et, sans la prorogation, eût donné lieu, sur le terrain de la République, à un rapprochement effectif entre les deux centres. Nous disons effectif, car on sait qu'il a eu lieu, et qu'au moment même où avortait la manifestation du 20 juin, des pourparlers s'engageaient entre le centre droit et le centre gauche, présidé par M. le général Chanzy.

Si, à cette époque, la proposition faite par l'honorable général d'adhérer tout d'abord à la forme républicaine, n'avait pas comme effarouché les membres du centre droit à qui elle fut soumise, la majorité gouvernementale était formée.

Elle semble maintenant prendre le chemin qui mène à cette union, et la prochaine session nous la montrera éclairée, désabusée, ne refusant peut-être plus de prononcer un nom et d'accepter un gouvernement qui a pacifié et sauvé la France et que la France n'entend remplacer par aucun autre. Quand on songe pourtant que ni les services incomparables, ni l'amour de la concorde, ni l'éclat de l'évidence n'ont pu triompher d'un préjugé, c'est à se demander quels progrès nous avons faits en politique, et pourquoi l'empire des mots survit de la sorte à nos prospérités aussi bien qu'à nos malheurs !

Mais ce n'est, comme on dit, que partie remise. Au contact de leurs électeurs, les honorables membres de la droite voient s'évanouir leurs derniers scrupules, leurs dernières illusions, et comprennent que le plus impérieux de leurs devoirs est aussi la meilleure chance de leur réélection. S'il n'y a que le premier pas qui coûte, — et ce pas est franchi depuis longtemps, cette session l'atteste, — pourquoi ne pas aller jusqu'au bout, pourquoi repousser, après qu'on a fait soi-même les avances, la main que tant de bons citoyens ne cherchent qu'à mettre dans celle qui hésite encore ? D'autant plus, nous le répétons, que cette adhésion ne préjudicie en rien à des affections ou à des espérances qui restent entières, et dont la patrie, sentiment trop haut et trop fier pour descendre à des inquisitions de conscience, n'a ni besoin ni souci qu'on lui fasse le sacrifice ; car la force des choses est telle qu'il n'y a vraiment qu'à ne pas être volontairement aveugle pour n'avoir rien à se reprocher. « C'est s'être donné tout entier à Dieu, » disaient les Pères de l'Église, « que de s'être offert de bonne grâce : « *Totum Deo dedit qui se libenter obtulit.* »

La France n'en réclame pas davantage, et les pages qui suivent vont peut-être expliquer pourquoi.

31 Août 1872.

RÉPUBLIQUE ET MONARCHIE

Gouverner les esprits, c'est être vraiment roi.

(Burke.)

I

Si la République n'était qu'un mot ou qu'une forme, aussi mal compris de ceux qui s'en effrayent que de la plupart de ceux qui l'invoquent, on ne s'expliquerait, même après les immenses services rendus par le Gouvernement qui porte aujourd'hui son nom, ni le caractère de nécessité indispensable qu'elle présente, ni le passage qu'elle effectue insensiblement chaque jour des institutions dans les mœurs;

Si la répugnance à peu près universelle que soulève la restauration d'une dynastie, n'était que la conséquence des hontes et des fautes du deuxième Empire, les bienfaits et les avantages de la République, limités à la génération qui en profite, n'engageraient pas l'avenir et ne constitueraient à ce mode de gouvernement qu'une légitimité temporaire et de fait.

Mais si, au contraire, les principes d'accord avec les actes, et les leçons du passé avec les enseignements du présent, nous montrent, pour ne pas remonter plus haut que les premières années du xviiie siècle, les idées de liberté et de justice se développant au fur et à mesure que la Monarchie s'affaisse, survivant à tous les triomphes du despotisme et à tous les excès des révolutions, et tantôt resplendissantes, tantôt obscurcies, quelquefois au pouvoir et plus souvent enchaînées, aussi compromises par leurs propres apôtres que persécutées par leurs ennemis, faire néanmoins leur chemin dans le monde, et toujours tendre vers cette fin qu'elles touchent aujourd'hui : le pays connaissant et faisant lui-même ses affaires ;

Si, d'un côté, la Monarchie, usée sous toutes ses formes et par l'excès même de ce principe inhérent à sa constitution et à la nature humaine : l'abus et l'amour du pouvoir personnel n'a plus à invoquer que des souvenirs complétement indifférents aux générations présentes ; et si, d'autre part, la République, étouffée à chacun de ses essais par l'impatience de la nation, les excès de ses adorateurs, les violences des ambitieux et la lassitude des classes intermédiaires, a vu enfin, grâce aux malheurs inouïs dont elle est sortie, et dont elle seule pouvait aider la France à sortir, son heure arriver, sa force s'affirmer, son expérimentation réussir ; n'y a-t-il pas, en ce moment surtout où c'est à elle, à elle réellement, que l'Europe fait honneur de la résurrection miraculeuse de ce pays laissé pour mort par l'Empire, un rapprochement à établir entre les deux formes constitutionnelles qui représentent l'avenir et le passé : — l'avenir, dont l'homme n'est pas le maître, mais qu'il a le droit de prévoir et le devoir de préparer ; le passé, à qui il ne doit que justice, mais qui n'a plus rien à exiger de lui ?

A prendre la République et la Monarchie impartialement et exactement pour ce qu'elles sont, c'est-à-dire à se défaire, pour les examiner, de notre malheureuse habitude de juger les choses par leurs noms et les institutions par leurs abus, — il est certain que le rapprochement dont nous parlons entre la Monarchie et la République ne peut plus tourner à l'avantage de la première.

Après quatorze cents ans, ou pour ne pas remonter si haut et à partir de Hugues Capet seulement, après mille ans de tradition, la Monarchie, depuis Louis XIV, sa plus complète personnification comme prestige, comme puissance et comme absorption, ne fait guère que décroître en autorité et grandir en désaffection.

Discutée et méprisée sous Louis XV, — jugée à mort dans la personne de Louis XVI, — admirée tout à la fois et maudite avec le premier Napoléon, — un moment rajeunie d'un souffle de liberté par Louis XVIII, — et retombant, aux mains de Charles X, dans l'impénitence finale de l'obscurantisme, — elle jette sous Louis-Philippe une lueur qu'on prend pour une aurore et qui n'est que le crépuscule bourgeois du pouvoir personnel maintenu dix-huit ans à force d'hypocrisie. Engloutie au 24 février, elle reparaît enfin et s'incarne dans un despote qui la pousse à ses dernières exagérations, qui sont aussi les dernières illusions de la France, entraînée par elle et avec elle dans le plus épouvantable abîme de sang et de ruines dont l'histoire fasse mention.

C'est là, pour nous servir d'un mot vulgaire, le bouquet final de la Monarchie, et, par une de ces leçons de la Providence que les aveugles seuls ne voient pas, sa chute a pour accompagnement le démembrement du territoire, c'est-à-dire l'anéantissement de l'unité française, son plus haut titre légendaire, c'est-à-dire cent cinquante-six ans après la mort du glorieux monarque qui avait mis la dernière main à cette unité, l'abandon forcé de l'Alsace et de la Lorraine traité et ratifié dans la ville et dans le propre palais de Louis XIV.

Etudier rapidement ce qu'ont été, pendant ce siècle et demi, et les royautés qui s'y sont succédé sous diverses appellations et métamorphoses, et les intermittences de révolution, tantôt improprement, tantôt légitimement baptisées des noms de République, de Directoire, de Consulat, de Présidence, — nous paraît le meilleur mode de parallélisme à établir, et la seule discussion où les passions de parti n'altèrent ni le caractère des actes ni l'indépendance du juge. La réputation de brutalité que le proverbe attribue aux faits ne s'applique qu'à l'heure où ils se commettent. Invoqués par la bonne foi et consultés par la philosophie, ils ne brutalisent ni les convictions ni les volontés, et ne s'imposent plus, comme la vérité, qu'à la conscience. — La conclusion vient alors toute seule.

II

Toutes les monarchies, aussi bien les absolues que les tempérées, et les césariennes que les parlementaires, ont vu dans Louis XIV et dans Napoléon (tous deux surnommés : le Grand) ce que chacun d'eux voyait en lui-même, le Roi quand il prenait pour devise : *Nec plus ultrà,* — l'Empereur quand il donnait son nom aux lois elles-mêmes. — « L'Etat, c'est moi ! » a été, sauf les variantes des habiles, le fond de la langue et le type politique de tous les souverains, même spirituels comme Louis XVIII, même pieux comme Charles X, même débonnaires comme Louis-Philippe, qui ne gouvernait jamais plus que lorsqu'il répétait à tout venant, et non sans une pointe d'ironie : « Le roi règne et ne gouverne pas. »

Par cette admiration, très légitime d'ailleurs, et à laquelle ils n'eussent pu se soustraire, ils ont donné du même coup la mesure de leur règne et celle de la royauté en général. Pour eux, comme pour les courtisans, le plus parfait des rois, c'est celui qui ose le plus.

Or, malgré la pléiade d'hommes illustres qui l'entourent, malgré les magnificences et les victoires de la première moitié de sa vie, ses qualités vraiment royales et son amour jaloux pour la France, — qui fit, plus cyniquement que Louis XIV, litière de tout ce qu'on respecte chez les hommes, la morale, la famille, le mariage, la liberté de conscience et toutes les libertés sans exception? La royauté, élevée par lui à l'état de dogme et de dogme imposé, comme l'islam, par le sabre et le bûcher, ne fut en pratique, pendant son règne, que l'idéal dans l'arbitraire et l'illimité dans le bon plaisir. Rome sous les premiers Césars, Byzance sous les empereurs grecs, Constantinople après la conquête, offrent seules quelque chose de comparable à ce roi chrétien, vivant et commandant à l'asiatique, et qui ne dut qu'à la civilisation et à la douceur des mœurs générales de n'être — et il l'eût été impunément, s'il l'eût voulu — ni un Néron, ni un Michel Ducas, ni un Selim.

Les malédictions qui accompagnèrent son cercueil, dissimulé pendant une nuit sombre et transporté furtivement à Saint-Denis, en disent plus que la haine de Saint-Simon sur les grandeurs de Louis XIV en particulier et sur la royauté en général. Ce qui le peint plus éloquemment encore, c'est l'abaissement des caractères et des âmes dans ce cycle intellectuel si admirable par l'esprit, l'élégance, le génie à tous les degrés, — si médiocre par le cœur, la fierté, le désintéressement et la franchise.

On y contemple tous les talents, on y cherche en vain une vertu mâle. Bossuet ferme les yeux sur les amours du maître et surveille l'éducation des bâtards. Montausier a des complaisances. La veuve de Scarron inspire *Esther*. Les plus hauts par la pensée sont les plus serviles par la situation et les plus humbles par la flatterie. Vauban, Jean-Bart, Fabert, Corneille exceptés — et ils n'allaient pas à la cour, — c'est à qui mettra « aux pieds du Roy » sa gloire, sa volonté, sa complaisance et baisera, même quand elle le frappe, cette main plus adorée que celle d'un dieu. — Tel est Louis XIV, ou, pour parler génériquement comme La Bruyère, dans l'incomparable morceau d'éloquence qu'il consacre à ce type définitif et sacré : — Le Roi.

Ab uno disce omnes. Que dire, après celui-là, de l'ignoble Louis XV, aussi rarement invoqué par les royalistes, il faut le reconnaître, que son bisaïeul l'est souvent ? La décomposition des mœurs, déjà visible sous le Grand-Roi, éclate comme une explosion avec la proclamation de la Régence et coule à pleins bords pendant les soixante ans de règne du Bien-Aimé.

C'était, avons-nous dit, l'abaissemont des caractères ; maintenant c'est leur disparition. Après la courtisanerie, la prostitution. On s'inclinait devant une figure qui ne manquait, après tout, ni de majesté, ni de force ; on se prosterne devant l'image du vice et de l'insouciance. Bossuet n'avait pas été cardinal ; Dubois le sera. Madame de Maintenon avait eu Racine ; la Pompadour et la Du Barry auront Crébillon le fils, le cardinal de Bernis et l'abbé de Grécourt.— Mais déjà les idées de liberté et de résistance se sont accentuées. Etouffées sous Louis XIV, elles élèvent la voix et se rient des persécutions, du Parlement et de la Sorbonne. C'est la Révolution française qui frappe à la porte de Versailles et de Marly.

Non pourtant que les grands écrivains du dix-huitième siècle aient, beaucoup plus que ceux du dix-septième, la haine de la royauté et l'intuition de la liberté. Ni Montesquieu, ni Voltaire, ni Rousseau, ni le groupe des encyclopédistes, malgré les immenses services rendus par eux à l'esprit humain, ne comprennent d'autre constitution que la monarchique. Quelques-uns, comme Voltaire, Diderot, d'Alembert, Rousseau lui-même, s'honorent des faveurs ou de l'amitié du roi, de la favorite, de Catherine de Russie, de Frédéric de Prusse. La corruption générale ne les trouve jamais sévères, au contraire. Leur plume philosophique s'égare parfois jusqu'à des productions obscènes et anti-françaises. De plus, sans être précisément athées, ils professent l'abominable religion du sensualisme, d'où sortiront le matérialisme et le communisme, ces deux sources impures de la guerre sociale. La dissolution morale vient d'en haut, politiquement et littérairement.

Si bien, quand le malheureux Louis XVI prend possession du trône, que la Révolution est déjà faite, et que les Etats-Généraux, même après Turgot, n'ont plus l'air que d'une superfétation. Cependant nul ne songe encore à la République, et c'est sur les bases d'une transaction entre la Monarchie et les idées nouvelles que s'engagent les luttes du Tiers contre la Couronne et les deux autres Ordres.

III

On a prétendu, dès ce moment même, que Mirabeau avait emporté dans sa tombe les dernières espérances de la Monarchie. Si l'on a voulu indiquer par là le fonds matériel, pour ainsi dire, que le Roi et la Cour pouvaient faire sur l'appui, désintéressé ou non, du grand orateur, on a dit vrai peut-être. Mais on s'est totalement trompé si l'on a pu croire que Mirabeau eût réconcilié la Monarchie avec la Liberté, — et la vieille France, même après les premières conquêtes de 1789, avec l'esprit moderne.

Ces victoires de 89, plus sociales que politiques, plus humaines encore que françaises, n'étaient pas seulement la condamnation du passé et le désespoir de la Monarchie. Elles étaient surtout le drapeau de l'avenir et l'affirmation d'une lutte, également impitoyable des deux côtés, entre le droit divin des couronnes et le droit naturel des peuples ; entre les aristocraties amenées à certaines concessions par la force des choses, mais se raccrochant à ce qui restait de priviléges, — et la démocratie qui tenant ces concessions pour insignifiantes et n'y voyant que des restitutions de mauvaise grâce, exigeait tout ou rien, et aux deux termes du trinome : Liberté et Fraternité, dont la Noblesse et le Clergé se fussent parfaitement accommodés, ajoutait le troisième et le plus redoutable, celui qui explique et justifie le mieux la Révolution, quand on le prend, bien entendu, dans son vrai sens : l'Egalité.

Mirabeau, avec tout son génie, y fût mort à la peine, s'il ne fût mort d'autre chose. On ne concilie pas ce qui doit s'entre-détruire, on ne marie pas ce qui ne peut coexister. Sans remonter plus haut que les derniers événements, n'a-t-on pas vu l'Empire graduellement dissous par l'alliance monstrueuse qu'il imagina, au 2 janvier de l'année qui lui fut si fatale, entre son système de dictature et l'ébauche parlementaire éclose dans la pensée de M. Emile Ollivier? La Monarchie, même par des hommes aussi sincères que les grands réformateurs de la Constituante, ce n'était déjà plus la Monarchie, et rien que son empressement à accepter la Déclaration des Droits de l'homme et du citoyen prouvait déjà qu'elle avait fait son temps.

Les plus clairvoyants, c'est triste à dire, mais c'est l'histoire, furent les émigrés d'une part, et les Jacobins de l'autre. Tout ce qui se passa alors ne fut que la conséquence logique d'un point de départ on ne peut moins énigmatique. Les 5 et 6 juin, le 10 août et le 21 janvier peuvent attrister le penseur, mais ne sauraient l'étonner. C'était écrit, non au point de vue fataliste des Orientaux, mais de par une loi pleine de profondeur et de raison : la loi de l'expiation, impitoyable parce qu'elle est inévitable, et inévitable parce qu'elle est consciente.

Quelque indignation ou quelque pitié qu'éveillent en nous les excès qui en accompagnèrent l'exécution et qui ne furent pour la plupart — nous le verrons quand nous ferons le bilan de la Révolution — que des crimes individuels que la République devait expier aussi, on ne doit pas oublier que l'œuvre de la transformation générale n'en poursuivit pas moins sa carrière, ralentie, il est vrai, et parfois entièrement paralysée par des cruautés inutiles. Le but était auguste et la besogne excellente en soi ; ce furent les moyens d'action qui révoltèrent et les ouvriers qui faillirent à leur tâche.

La Terreur, le Comité de salut public, le Tribunal révolutionnaire, la loi des suspects, le maximum, l'échafaud en permanence, les proscriptions, l'invasion, la banqueroute, la frénésie du sang versé, tout ce qui remplit l'âme d'horreur et de honte, n'apitoya cependant que médiocrement en faveur de la Monarchie. La République eut même plus à en souffrir que la royauté, et aujourd'hui encore, ce sont ces souvenirs qui la rendent suspecte à tant de gens même hostiles aux monarchies. Ce sont ces souvenirs aussi qui donnèrent aux faiseurs de coups d'Etat l'encouragement pour entreprendre et l'impunité pour mettre à profit leurs attentats. Là encore se retrouve cette loi providentielle des sociétés, qui durera aussi longtemps qu'il y aura des gouvernements faibles : — l'anarchie rendant le despotisme acceptable, et le despotisme, à son tour, ramenant l'anarchie, qui n'est que sa continuation, comme elle avait été son prétexte et son excuse.

IV

Tombée de la Convention dans le Directoire, c'est-à-dire de la puissance grandiose et sauvage dans l'inertie mesquine et incapable, la République laissa faire le 18 Brumaire comme, plus tard, elle devait laisser faire le 2 Décembre. Cette fois pourtant, elle ne perdit pas tout, et si l'effrayant génie de Napoléon allait reconstituer une monarchie encore plus autoritaire que celle de Louis-XIV, il allait aussi l'entourer d'un tel cortége d'institutions fortes, donner à l'orgueil national de tels enivrements et à l'asservissement des intelligences de telles compensations, que ce qui avait manqué à l'ancienne Monarchie, ce qu'avait laissé échapper la jeune République — la popularité — devait être l'assise maîtresse et la pierre angulaire de son autocratie.

Ne soyons pas plus sévères pour ce colosse dont l'écroulement laissa sur le sol autre chose que des ruines, que nous ne devons l'être pour la nation elle-même dont l'engouement du moins ne fut pas sans motifs. Il la satura de gloire, la dota d'une organisation administrative subsistante encore, l'arracha au chaos de l'irréligion, de la misère, de la décadence et de tous les désordres légaux, moraux et matériels pour en faire un moment l'arbitre du monde et la souveraine d'un nouvel empire d'Occident.

Même tombé de ce faîte sublime, et peut-être à cause de cette chute où l'homme ne se démentit pas, il resta légendaire. Waterloo devint une épopée, Sainte-Hélène une Passion, le retour des cendres une apothéose. Ce peuple est ainsi fait : ses éblouissements survivent à ses malheurs et le peu de bien au beaucoup de mal. Il a fallu dix-huit ans de règne du neveu pour dépoétiser l'oncle, une deuxième invasion pour faire songer à la première, et Sedan pour enseigner quelle espèce de monarchie c'est que l'Empire.

<h2 style="text-align:center">V</h2>

L'essai de rajeunissement de la Monarchie par la liberté, tenté dans l'Acte additionnel des Cent-Jours, ne devait pas survivre à cette courte restauration césarienne. La restauration bourbonienne ramenée en 1815 refit la Charte de 1814, et ce fut, il y aurait injustice à le nier, l'établissement de la vraie liberté parlementaire en France, et la phase la plus libérale de la Monarchie. On respira, on espéra. Pas longtemps, il est vrai, — les courants réactionnaires qui s'agitaient autour du gouvernement ayant repris le dessus, surtout après la mort du duc de Berri. Louis XVIII eut le pressentiment de la catastrophe, et l'exprima d'une façon prophétique quand il dit, à son lit de mort, en posant la main sur la tête du duc de Bordeaux : « Que Charles X ménage la couronne de cet enfant. »

On sait comment ce vœu fut accompli. Charles X, persuadé par son entourage que la conquête d'Alger lui donnait le droit de tout entreprendre, viola la Charte par les Ordonnances de juillet 1830, reprit le chemin de l'exil avec sa famille, et laissa à son cousin Louis-Philippe d'Orléans, d'abord lieutenant-général, puis roi nommé par deux cent vingt-et-un députés, la tâche étrange et à première vue impossible de redonner à une nation qui venait de balayer une monarchie de quatorze siècles, le goût de la Monarchie et de faire du pouvoir royal, antagoniste-né de la liberté, le certificateur, le gérant et le protecteur nécessaire du développement de toutes les libertés sans exception.

La transformation dura dix-huit ans. Comme tous les règnes précédents, celui de Louis-Philippe eut ses bienfaits, ses splendeurs, sa part contributive dans les progrès de l'esprit moderne et les épanouissements de la civilisation ; — et, comme tous ces règnes aussi, n'en succomba pas moins au vice de son origine et à l'exagération de son principe.

Libéral, pacifique, doué de vertus privées, Louis-Philippe ne porta sur le trône ni les audacieuses fantaisies de Louis XIV, ni les folies gigantesques de Napoléon, ni les rancunes inflexibles de Louis XVIII, ni les faiblesses superstitieuses de Charles X. Il ne foula aux pieds ni la moralité humaine comme le premier, ni le droit des gens comme le second, ni comme les deux autres la pitié pour les vaincus et le respect des consciences.

Mais dissimulé comme Mithridate, cauteleux comme Louis XI, égoïste, exclusif, n'ayant d'entrailles que pour sa famille, rebelle à toute concession, ne croyant à aucune fidélité et à aucun désintéressement, sa vie politique ne fut qu'une lutte sourde entre ses bonhomies apparentes et ses ambitions secrètes, entre ses obligations constitutionnelles et ses instincts de domination absolue, entre ses attributions définies par la Charte et observées par ses ministres — et sa propre volonté travaillant dans l'ombre à modifier les unes et à rendre l'exercice du pouvoir impossible aux autres.

Reniant ses agents, négociant à leur insu, ordonnant en dehors de leur participation, agissant à sa guise et, comme disent nos vieux auteurs, dans son quant à soi, il crut jusqu'à la dernière heure à l'excellence d'un régime bâtard qui copiait le passé en le désavouant et résistait à l'avenir en affectant de travailler pour lui (1). Vainqueur des émeutes et déjouant courageusement les coups des assassins, il laissa volontiers dire qu'il était l'homme de la Providence, mais ne crut, lui, qu'à sa destinée, et n'eut pas, quoique voltairien, d'autre croyance que l'infaillibilité personnelle la plus entêtée, la plus incorrigible et la plus puérile.

Quand l'animadversion populaire portée au comble et l'indifférence des classes intermédiaires devenue du dédain commencèrent à lui ouvrir les yeux, il était trop tard. Quand de tous les hommes d'Etat passés dans l'opposition, M. Guizot, resté seul, fut trouvé insuffisant, il était trop tard encore. Mais à ce moment il croyait toujours à son indestructible prestige, et si fermement qu'il ne voulut pas se défendre contre l'insurrection, — et que nul à coup sûr ne fut plus étonné que lui-même, quand, à cette même place où, cinquante ans auparavant, l'abbé de Firmont avait dit à Louis XVI : « Fils de saint Louis, montez au ciel ! » — il entendit (on l'a raconté, du moins) une voix murmurer à son oreille : — « Fils d'Egalité, montez en fiacre. »

Que d'enseignements pourtant dans ce mot qui eût dû devenir historique ! La royauté, dont on n'avait pu en 93 avoir raison qu'en décapitant le roi, mise à la porte et congédiée comme un serviteur infidèle ; — ce régime si doux et si simple s'évanouissant sans laisser un regret ; — ce souverain qui s'était appuyé sur la partie la plus intelligente de la nation, dont il avait flatté toutes les vanités et tous les instincts jusqu'à ressusciter et s'approprier les gloires de l'Empire, abandonné à la dernière heure sans qu'une épée se tire, sans qu'une larme coule, sans qu'un dévouement ou un respect le saluent au passage !

(1) Daunou, qui s'y connaissait, a défini ainsi la Monarchie parlementaire en France : « C'est un gouvernement dans lequel les députés « font et défont les ministres, lesquels font et défont les députés. » — Un député de la Restauration, Piet, l'a défini mieux encore : « Quand « les ministres ne nous font rien dire, nous votons selon notre con- « science. »

C'était bien la peine d'avoir remplacé la Monarchie pure, dont les serviteurs s'étaient fait tuer avec tant de courage et qui avait eu la Vendée, la bataille de Juillet 1830, des défenseurs, des soldats, — ou de s'être donné comme le continuateur de l'Empire, tombé, celui-là aussi, sous le poids de ses fautes, mais tombé au moins dans un duel contre toute l'Europe! De toutes les monarchies, la plus libérale fut donc évidemment la moins populaire, — ce qui tient à ce qu'elle fut la plus hypocrite, la plus stationnaire, et en même temps la plus sévère pour celle dont elle avait pris la place.

VI

Et ce roi, que Lafayette avait proclamé « la meilleure des Républiques » et qu'on traitait dans les journaux de « Napoléon de la paix, » — mourut en exil, non résigné comme Charles X, ou désabusé comme Napoléon, mais infatué toujours de sa personnalité politique, dont le culte transmis par lui à sa descendance, qui nous le réserve, tenait lieu à Claremont de politique personnelle. Ses partisans le croient encore : — Si Louis-Philippe, disent-ils, était mort sur le trône, au lieu d'être renversé et renvoyé, ce roi expérimental d'une France quasi-républicaine comme l'Angleterre, eût été appelé le Washington des rois. Par son exemple, la contagion républicaine se fût répandue par en haut au lieu de se répandre par en bas, et la deuxième ou la troisième succession d'apparence dynastique n'eût pas été plus loin. La République, ajoutent-ils avec leur finesse ordinaire, aurait été — et sera — définitive dès qu'elle aurait consenti — ou qu'elle consentira — à ne pas s'appeler de son nom.

Il leur a fallu du temps pour arriver à cette théorie ingénieuse, qu'ils se seraient bien gardés d'émettre au lendemain

de la catastrophe qui emporta leur maître, et à l'avénement de
la République de Février, d'abord parce qu'ils lui apportèrent
presque tous leur concours, et ensuite parce qu'on ne rappelle
pas immédiatement un gouvernement aussi pitoyablement
écroulé. La nouvelle République, d'ailleurs, ne leur laissa pas
le temps de travailler à sa ruine autrement qu'ils ne s'y prennent aujourd'hui pour renverser celle qui existe, c'est-à-dire
avec des conspirations de salons et des hostilités de parole.
A peine née, il lui arriva, comme à la monarchie de Juillet,
d'être accusée d'un crime, irrémissible aux yeux de la bour-
geoisie : celui de n'avoir été nécessaire à personne, pas même
à ceux qui l'avaient faite, et d'avoir été imposée par un coup
d'escamotage aux lieu et place d'une combinaison qui pouvait
tout concilier. Il n'y a de révolutions fécondes que celles qui
sont l'œuvre ou, du moins, la pensée commune au plus grand
nombre, — témoin la République actuelle. Quand elles sont
faites, — et c'est malheureusement le cas le plus fréquent, —
par les minorités, qui y réussissent en vertu de cette raison
tout humaine qu'il est plus facile de contenter quelques-uns
que tout le monde, — leur code se compose d'abord de deux
principes inséparables : insurrection pour escalader le pouvoir,
dictature pour le garder ; — une espèce de charge en deux
temps appliquée aux batailles sociales, qui n'en sont pas moins
meurtrières que celles qui se livrent par la charge en douze
temps.

La République de Février n'appliqua, il faut le dire à sa
louange, que la première des deux conditions révolutionnaires,
— l'insurrection. La dictature fit horreur à son honnêteté, et
la peur de ce mal la conduisit dans un pire, le pire de tous en
politique, — l'illusion. Généreuse, inspirée, clémente, mais im-
prévoyante, confiante et enfantine comme le merveilleux génie
du poète dont elle fut le piédestal et l'idole, — aussi fragiles,
hélas ! l'un que l'autre, — elle vécut juste le temps de procla-
mer le suffrage universel, de fabriquer une Constitution et de
se donner un maître : dix mois. — Car Louis-Napoléon une

fois nommé président, il est clair que les trois ans du Gouvernement qui devaient porter encore ce nom, ne peuvent plus être regardés comme de la République.

Entre ces deux pôles de son existence, 24 Février et 10 Décembre 1848, les sanglantes journées de Juin et la dictature honnête du général Cavaignac lui amenèrent l'adhésion, qui lui manquait à l'origine, des classes intermédiaires qui se prêtent assez volontiers à tous les gouvernements d'ordre, mais qui, ne se donnant jamais corps et âme qu'aux heures de salut public, sont tout à la fois l'appoint le plus indispensable et le moins sûr des appuis.

En somme, elle ne fut qu'un essai, et depuis, qu'un prétexte. En lui donnant pour chef, uniquement parce qu'il était le neveu du grand homme que les républicains eux-mêmes lui avaient jusqu'alors appris à admirer, un homme dont toute la notoriété était celle d'un conspirateur et d'un aventurier, le suffrage universel l'avait condamnée à l'Empire, dont toute la carrière présidentielle de Louis-Napoléon devait être la préparation indiscontinue et patente, et qui était implicitement fait dès le 10 décembre 1848.

VII

Nous touchons ici à la démonstration la plus vivante et la plus actuelle des dangers de la Monarchie, mais à l'enseignement aussi le plus décisif et le plus terrible, nous pourrions dire au châtiment le plus légitime, infligé par la Providence aux nations qui s'abandonnent. Ces malheurs et ces hontes que pas un Français ne conteste, ces expiations que nous avons tous encourues, cette inféodation au pouvoir personnel dont la responsabilité n'échappe à aucun de nous, à quoi bon, au point où nous sommes parvenus de cette étude lamentable, les rappeler et les décrire ? Aucune parole n'aurait l'énergie du cri de nos consciences, la crudité de nos souvenirs, la profondeur de nos repentirs, l'amertume de nos deuils : *Sunt lacrymæ rerum.*

Mais un motif bien autrement puissant que l'inutilité ou l'inopportunité de cette évocation nous dispense de revenir sur ces vingt années d'Empire inaugurées par l'asservissement et closes par l'égorgement de la patrie. Et ce motif, c'est l'immense consolation sortie de nos désastres même, comme pour attester que la main qui punit est aussi celle qui pardonne, et que les trésors de colère, comme disent les Livres Saints, réservés aux peuples dégénérés, se changent en trésors de miséricorde pour les peuples qui se relèvent. Il a été donné à la France de passer, en deux années, du terme extrême de l'abaissement, de la misère, de l'humiliation et du désordre aux points culminants de la grandeur, de la prospérité, de la régénération et de la stabilité. C'est là le fait acquis et la constatation essentielle, en regard de qui tout le reste n'est que subsidiaire. C'est là aussi ce qui autorise, détermine et tranche la question que nous avons posée en tête de ces lignes : Monarchie ou République ?

Qui a sauvé la France, — et qui l'a perdue ? Qui la conserve, — et qui la perdrait encore ? Qui pouvait seule accomplir ces miracles auxquels nous assistons, — et qui n'eût pas même formé un régiment ? Qui a vaincu la Commune, — et qui n'eût pas même entrepris de lui disputer une des barrières de Paris ? Qui n'a eu qu'à émettre un emprunt pour que le monde lui apportât quarante-deux milliards, — et qui pourrait faire appel aux capitaux, s'agît-il de la libération du territoire, sans réaliser seulement quelques millions ? Qui a rallié les partis, apaisé les haines, rendu la confiance aux intérêts, l'activité à l'industrie, la sécurité au commerce, — et qui n'aurait qu'à s'affirmer pour diviser le pays, soulever la guerre civile, effrayer la propriété, arrêter le travail, paralyser les transactions ? Qui a payé et payera l'Allemagne, — et qui ne saurait que lui donner le droit d'occuper de nouveau les départements évacués ? Qui est la légalité, l'ordre, le droit, le dévouement, l'abnégation, le labeur infatigable, l'aptitude universelle, le bon sens, l'économie, l'honnêteté, le patriotisme au pouvoir, — et qui n'y représenterait que l'usurpation, l'anarchie, le préjugé, l'arbitraire, l'égoïsme, la paresse, l'incompétence, le bon plaisir, la déprédation, la fraude, la tyrannie ? Qui est l'avenir, enfin, et qui est le passé, de la République ou de la Monarchie ? Et l'une et l'autre, que veulent-elles, que valent, que garantissent et que réalisent-elles ?

Questions résolues, convictions établies, recherches et commentaires inutiles ! Le présent n'a pas à y répondre, étant lui-même leur réponse vivante. Aussi nous sommes-nous adressé à l'Histoire, à celle qui raconte plutôt qu'à celle qui raisonne ; car ici raconter, c'est prouver.

Or, s'il est prouvé que, depuis deux siècles, chacun des deux principes, marchant en sens contraire à la conquête des sociétés, n'a dû ses succès ou ses chutes qu'à lui-même, — glorifier la Monarchie parce que tel ou tel de ses règnes a concordé avec une grande époque intellectuelle, c'est commettre la même injustice que de tenir la République solidaire des excès commis par ses séides et qui n'infirment pas plus son autorité morale que les crimes d'Alexandre VI, par exemple, ne déshonorent la Papauté, la vénalité d'un juge la magistrature, ou l'immoralité privée d'un homme le corps dont il fait partie.

Il y a eu des hommes illustres sous tous les régimes. Rome et Athènes, qui étaient des républiques, ont eu leurs grands siècles comme la Rome de Léon X, la Florence des Médicis, ou la France de Louis XIV et de la Restauration. C'est pour l'esprit humain comme pour celui d'en haut, esprits de liberté et de rénovation l'un et l'autre, qu'une bouche divine a dit : « Il souffle où bon lui semble : *Flat ubi vult.* »

La Monarchie n'a pas plus fait Montaigne, Descartes, Pascal, Molière, Voltaire, Raphaël, Michel-Ange, que la République n'a fait Phidias, Sophocle, Platon, Lucrèce, Virgile ou Horace. Sous tous les régimes aussi, il y a eu des monstres, et les excès de l'un ne devraient pas donner à l'autre le droit d'oublier les siens propres. Monarchie et République n'ont rien à se reprocher.

Mais ce qu'il y a de plus étrange, c'est d'entendre les royalistes arguer contre la République des horreurs de 93 sans tenir compte des passions, des ignorances déchaînées, des siècles d'oppression qui avaient pesé sur cette populace trop vite livrée à elle-même ; — et trouver naturel que les torrents de sang et les proscriptions, les corruptions effroyables, les batailles, les villes prises d'assaut, les guerres d'ambition, de religion et de famille, toutes ces violences et toutes ces boucheries, tous ces attentats aussi énormes que durables, conçus, prémédités, exécutés longuement et froidement par le despotisme, dans son intérêt et pour sa seule satisfaction de convoitise ou d'amour-propre, soient réputés glorieux, légitimes et indiscutables.

Qu'importe pourtant cette aberration de sens moral au parallèle que nous croyons avoir nettement établi? Il ne s'agit ni de la République de 1792, ni de celle de 1848, dont au moins quelques saines notions sont restées ; ni des vieilles Monarchies autoritaires et parlementaires, dont le nom même a disparu et qui ne vivent plus qu'à l'état de souvenirs ; — mais de la République aujourd'hui fonctionnante, de ce Gouvernement de fait, dont on peut cependant dire ce que disait saint Paul aux Athéniens : « En lui nous vivons, nous agissons et nous sommes : *In ipso vivimus, movemur et sumus*; — et de la Monarchie, ou plutôt du rêve que ce mot indique et que certains partis prennent innocemment pour autre chose qu'une matière à controverses. Si elle existe, qu'on nous la montre ; mais si elle est morte, pourquoi ne pas respecter le tombeau scellé sur elle le jour où fut signé le traité imposé à la France républicaine par les faiblesses et les folies de la France monarchique ?

VIII

A quoi bon maintenant répéter ce que nous avons écrit si souvent des devoirs réciproques de la République envers les partis vaincus et de ces partis envers un Gouvernement qui n'abuse ni de son indispensabilité, ni des droits que lui donnent les lois contre les entreprises de ses adversaires?

Toute modération sied bien à qui a toute force ; mais il n'y a pas assez longtemps que le césarisme persuadait à la nation qu'il fallait aller à l'Empire afin de ne pas marcher à la Convention, pour que le souvenir de Décembre, compliqué de celui de Brumaire, ait perdu de son efficacité. C'est de ce côté-là que la République doit être attentive. Les autres dynasties, ou ne tenteront rien parce qu'elles n'ont ni drapeau, ni armée, ni chefs, — ou ne tenteraient quelque chose que pour se déchirer entre elles avant même de livrer bataille — si, par impossible, cette velléité pouvait leur venir — à la République acclamée à Bordeaux par les plus honnêtes et les plus intelligents de leurs partisans.

Démocratique et conservatrice, progressive sans être révolutionnaire, s'appuyant sur l'affection et la reconnaissance autant que sur les circonstances et les lois, ayant tout relevé, tout amélioré, tout reconstruit, ce sont ses actes qui parlent pour elle, éloquence irrésistible et que n'atténueraient ni les injures rétrospectives, ni les légendes royales. Quelques services qu'ait rendus la Monarchie — et ils sont nombreux, depuis tant de siècles ! — ils n'effacent pas plus l'histoire de ses empiétements qu'ils ne compensent le prix dont il faudrait payer sa restauration. Quelque riche que soit la France, elle ne se donnera pas ce luxe-là. A supposer même qu'elle eût un roi sous la main, elle ne courrait pas un tel risque, ayant ce qu'il lui faut et ne désirant pas davantage.

La façon, d'ailleurs, dont les rois descendent aujourd'hui du trône, les a considérablement dépréciés aux yeux de cette génération. Dans toutes les chutes de souverains que nous avons vues depuis quatre-vingts-ans, celui qu'on a le plus accusé de faiblesse, Louis XVI, a eu seul le courage et les vertus de la mort. (Notons — en passant — que les tribuns et les révolutionnaires ne manquaient pas non plus de fermeté à l'heure de la défaite.) Napoléon Ier, après avoir abdiqué à Fontainebleau, traverse la France pour s'installer dans l'île d'Elbe, avec des passeports et des gardes-du-corps russes et sous l'uniforme prussien. Au 20 mars, Louis XVIII, après avoir promis aux Parisiens de rester et de mourir avec eux (mourir n'était pas nécessaire), s'évade nuitamment des Tuileries. — Après Waterloo, l'Empereur, qui n'avait pas eu le bonheur de mourir, quitte l'Elysée sur un ordre de la commission exécutive et de Fouché, son ancien ministre devenu son parodiste : dites-lui

Qu'il se fait trop attendre et qu'Attila s'ennuie.

En 1830, Charles X, de peur de compromettre l'avenir de son petit-fils (il croyait à la régence de Louis-Philippe!), s'embarque docilement pour Cherbourg. — En 1848, Louis-Philippe, l'homme de Jemmapes et de Valmy, résiste aux adjurations de sa noble femme : «Mourez en roi, sire !» et obéit au premier venu qui lui dit: « Abdiquez et sauvons-nous. » — Quant à Napoléon III, on sait comment il est sorti de Sedan.

On dirait que le mot fameux de Barrère: — « Il n'y a que « les morts qui ne reviennent pas » — est devenu l'axiome de la Monarchie. Seulement, Barrère l'entendait autrement. Tuer son ennemi pour qu'il ne revienne pas : procédé révolutionnaire ; se donner de l'air, comme on dit vulgairement, pour pouvoir revenir : pratique royale. Ils s'y ressemblent tous. Chassés à coups de fusil ou à coups de balai, rendant leur épée par poltronnerie, ou par épuisement, ils n'ont qu'une pensée : le retour, et qu'un regret : leur trône. De la patrie, du peuple, de l'opinion, que leur importe ? Leurs partisans diront que, s'ils ont abdiqué, c'est pour éviter l'effusion du sang et, s'ils reviennent, même par une surprise, que c'est le pays qui les a rappelés.

Et l'on veut qu'une nation à qui la dernière des Monarchies a été la plus fatale, puisqu'elle lui coûte cinq ou six milliards, ses deux plus belles provinces, ses armées emmenées en captivité, trente départements envahis et la Commune succédant à la guerre, on veut que ce pays, au moment précis où la République vient de compléter la rançon de l'Empire, choisisse entre elle et ce gouvernement qui, après avoir déshonoré et démembré la France, lui lègue, la guerre payée, une dette de vingt-quatre milliards ! Toute l'absurdité de nos passions politiques éclate dans ce simple rapprochement, qui donne aussi la mesure de la raison d'être de la République.

Quant à elle, désintéressée du passé, — qu'elle peut se dispenser de revendiquer, — ce que ne saurait faire la Monarchie, qui n'ayant que cette corde à exploiter, doit en subir toutes les évolutions, — c'est vers l'avenir que ses efforts vont désormais tendre. Ce que sa foi, son courage, sa sagesse, lui ont déjà ménagé de certitudes et restitué de biens perdus, n'est que le présage de ce qui lui reste à recouvrer encore. L'histoire, ce témoin calme et auguste, qui n'est d'aucun parti, d'aucun intérêt, d'aucun pays, n'aura pas, si nous le voulons, de page comparable à celle-là.

IX

Mais ici nous sortons du passé, dont nous devons, avant de retoucher à ce qui nous touche, résumer les enseignements.

Il demeure donc bien acquis :

Que la Monarchie n'a fait depuis cent cinquante ans, en matière de concessions libérales, que donner le change avec plus ou moins d'habileté sur ses intentions immuables de subordonner l'intérêt général à celui du pouvoir personnel. — Or, la République, telle qu'elle est pratiquée aujourd'hui, ne pouvant plus être tenue responsable des excès et des faiblesses qui l'ont deux fois perdue, et la Monarchie, au contraire, ne répudiant aucun des errements principaux de son passé, — c'est beaucoup plus une question de moralité et de bon sens qui milite aujourd'hui en faveur de la forme des institutions existantes, qu'une question de politique ou de tradition.

On peut dire, et nous avons prouvé que pour notre compte nous n'y répugnions pas, beaucoup de bien de la Monarchie. L'ancienne Royauté a fait l'unité française ; le premier Empire a créé la forte organisation administrative et la plupart des lois civiles qui fonctionnent encore aujourd'hui ; nous devons à la Restauration la pratique et le goût du régime parlementaire ; la monarchie de Juillet a beaucoup fait pour le développement des classes intermédiaires ; il n'est pas jusqu'au second Empire lui-même qui n'ait aidé puissamment au mouvement industriel et économique.

Mais ces réserves faites et en admettant même, ce qui n'est pas l'avis de tout le monde, que ces résultats soient dus exclusivement aux divers gouvernements qui les revendiquent, — en est-il moins vrai que le pouvoir personnel n'a cessé, sous chacun de ces régimes, d'absorber à son bénéfice et pour sa consolidation les progrès dont nous venons de parler ?

N'est-il pas vrai, malgré l'éclat qu'ont pu jeter sur tel ou tel règne les victoires, les grands hommes, les productions de l'esprit humain, le génie individuel, les prospérités matérielles, tout ce qui constitue enfin la civilisation,—que les chefs d'Etat ne se sont jamais départis de cette tendance à tout rapporter à eux-mêmes et de faire de la nation la tributaire obligée de la couronne ?

N'est-il pas vrai encore que cette domination d'un homme ou d'une dynastie sur un peuple a toujours été acceptée par

les partisans de la Monarchie comme un droit imprescriptible,
et qu'au fur et à mesure que les idées nouvelles ou l'influence
de quelques grands esprits rendaient certaines modifications
libérales indispensables, ce n'est jamais des souverains qu'en
est partie l'initiative ?

N'est-il pas vrai, enfin, que toutes les conquêtes de la
liberté n'ont abouti, quand on a voulu les mettre d'accord
avec la Monarchie, qu'à des transactions éphémères, et que les
révolutions qui renversaient les trônes furent autant la conséquence des résistances et des manquements de parole des rois,
que des insurrections et des violences du peuple ?

Sans doute, la Démocratie, quelque indulgence que com-
mandent les longs siècles d'oppression et d'ignorance dont elle
sortait, et qui expliquent les crimes qu'on lui jette sans cesse
à la face, — la Démocratie n'a pas à son actif un contingent
acquis de grandeurs et de prospérités séculaires. Mais c'est là
précisément ce qui fait sa force, et ce qui serait l'étonnement
de l'histoire si, parallèlement aux empiétements et aux triomphes du pouvoir personnel, la liberté n'avait continué à s'affirmer et à faire son chemin dans les consciences.

La rectitude innée de l'esprit français éclate ici avec cette
rigueur de raison que Descartes trouvait supérieure à la rigueur
mathématique elle-même. C'est le *Cogito, ergo sum* appliqué à
la politique : « Je pense, donc je suis, » dernier mot de l'intelligence qui a douté et qui ne doutera plus. — « J'existe, donc
je suis libre, » dernière formule d'une nation qui, après avoir
épuisé tous les essais de royauté, restera républicaine par
nécessité plus encore que par réflexion.

De même que les adversaires de la République et tous ceux
que son nom effraye, la confondent sans cesse avec la Terreur
et avec la Commune, — de même les républicains oublient
quelquefois que la face du monde a été renouvelée et que des
événements comme ceux dont ils sortent, portent avec eux
aussi bien la condamnation irrémissible de la Monarchie qui
n'avait jamais été aussi loin que le deuxième Empire, que la

consécration définitive d'une République qui a pù, en moins de qninze mois, régénérer littéralement la France.

C'est là, selon nous, de leur part, un manque de logique impardonnable. Il ne s'agit pas de savoir, en effet, si la meilleure des monarchies serait plus populaire aujourd'hui que la plus nécessaire des républiques; mais de se demander si après des catastrophes comme n'en a jamais vues l'histoire, et que dans sa justice elle attribuera exclusivement à l'exagération du principe monarchique et à l'abdication faite par la nation de tous ses droits entre les mains d'un despote, cette même histoire n'attestera pas simultanément qu'aucune royauté, eût-ce été celle de Louis XIV ou de Napoléon Ier, n'aurait même entrepris ce qu'un seul homme, représentant et délégataire d'une république sans constitution, sans tradition, sans passé même, car elle sortait de l'abîme, comme le monde du chaos, — a pu mener à fin par la seule puissance de ce principe, base de la République et écueil de la Monarchie :

La Nation se suffisant à elle-même, n'ayant plus besoin pour se sauver que d'elle-même, et prouvant par la réalisation de ce salut, qui est incontestablement le plus miraculeux exemple de gouvernement impersonnel, que si elle a pu se sauver, elle saura, à plus forte raison, se conserver et se maintenir?

X

Cherchons maintenant dans l'inaltérable et sereine atmosphère où ne s'agitent ni les intérêts, ni les passions, l'explication de cette confiance et la justification de cet espoir; et, nos constatations une fois recueillies, demandons-nous, puisque nous invoquons l'histoire et la philosophie, si jamais en effet pareil spectacle leur a été donné.

C'est un réveil, c'est une résurrection où l'on ne sait ce dont il faut s'étonner le plus, de la plénitude ou de la promptitude, de l'œuvre ou de son improvisation, de l'ampleur des réalisations ou de la simplicité des moyens, de la somme de talent et de dévouement dépensée ou du temps économisé. En moins de dix-huit mois — et c'est y mettre beaucoup de latitude que de partir des élections du 8 février 1871, — la France sortie agonisante, démembrée, trahie, souillée, ruinée, des mains de ces trois ennemis implacables qui s'appelaient l'Empire, la Prusse et la Commune ; la France qui venait de signer, le pied du vainqueur sur la gorge, le traité qui lui enlevait cinq milliards et ses deux plus belles provinces ; la France qui n'avait plus dans ses coffres que le million apporté un matin au Ministre des finances dans le chapeau du directeur. du mouvement des fonds, et dans ses armées que les quelques mille hommes qui reconquirent Paris sur les bandes d'assassins et d'incendiaires qui en avaient chassé les lois, les honnêtes gens et le Gouvernement ; la France, remise à cette heure en possession de tout ce qu'elle avait perdu, n'a plus à regretter que l'Alsace et la Lorraine. Tout le reste lui est revenu, meilleur et plus vivace que jamais, armée, richesses, territoire, paix intérieure, travail, progrès, alliances, influence, prestige, ordre et liberté.

Elle a payé deux milliards et a, depuis quelques jours, commencé le versement du troisième. Elle a fait évacuer vingt-six départements, et l'ennemi va lui en rendre deux sur les six qu'il occupe encore. Avant la fin de 1873, les milliards que lui apporte l'Emprunt, auront achevé l'affranchissement du sol. Cet Emprunt, comme celui de 1871, souscrit d'enthousiasme et douze fois couvert, liquidera jusqu'au dernier centime l'effroyable dette de guerre léguée par les folies du régime impérial au gouvernement du 4 septembre.

Elle a tout refait, simultanément et parallèlement à cette écrasante tâche, l'administration, les travaux d'utilité publique, les lois essentielles. Elle a créé et vu accepter par la nation vivifiée et reconnaissante des impôts que le patriotisme a trouvés légers et dont la perception donne déjà des excédants de recette considérables.

Elle n'a eu, après les luttes douloureuses contre la Commune, aucune émeute à réprimer, aucun attentat à punir, aucun excès de pouvoir ou d'illégalité à commettre. Même vis-à-vis des factieux les plus criminels et au sortir de la plus longue et de la plus sanglante des guerres civiles, elle n'a eu recours qu'à la loi, et la loi n'a pas fait échec à la clémence.

Elle a tout rétabli, tout respecté, tout rassuré, tout concilié sur le terrain de la justice, de la tolérance et de l'honnêteté. Elle a laissé toutes les inspirations se produire, tous les partis s'affirmer, toutes les oppositions se donner carrière, et n'a contenu d'autre expansion que celle du mal, d'autre liberté que celle qui veut détruire les libertés d'autrui, d'autre propagrande que celle du désordre.

Elle a un budget en équilibre, une armée héroïque, un Gouvernement et une Assemblée légitimés par le suffrage universel, institués par la force des choses, et voulus exclusivement par le pays, qui n'en veut point d'autres.

Elle a repris enfin, pour tout dire en un mot, qui dit tout en effet, son rang dans le monde.

En moins de dix-huit mois.

C'est là, nous le répétons, un des plus beaux spectacles que la terre ait donnés au ciel et la France au genre humain, — et ce qui explique cette foi, ces admirations, cette gratitude chiffrés en quelques jours par quarante-deux milliards offerts au gouvernement, source et garantie de tant de rédemptions et de bienfaits. Récompense autant que précaution, glorification autant que nécessité, cette offre voudra dire qu'il est le plus durable comme il est le plus loyal, qu'il a le droit comme il a la confiance, qu'il est tutélaire et qu'il est indispensable.

XI

Nous croyons avoir suffisamment indiqué le tableau, du doigt seulement et sans commentaire, ce qui est lumineux ne demandant qu'un coup d'œil. Si quelques ombres mal venues, quelques imperfections de détail, quelques nuances affligeantes s'y dessinent encore, qu'importe à la majesté de l'ensemble et à la profondeur de la perspective? Cet horizon n'embrasse pas seulement le présent : c'est l'avenir surtout qu'il offre à nos regards ;— l'avenir, c'est-à-dire l'affermissement par les mêmes moyens et au nom des mêmes causes qui ont préparé la fondation, par l'ordre, par le travail, par la raison, par l'économie, par le patriotisme, de cette République conservatrice dont on ne sait où s'arrêteraient les destinées si l'homme illustre que la Providence a mis à sa tête et en qui se personnifient toutes ces vertus, n'avait que cinquante ans au lieu de soixante et quinze.

Mais là encore, qu'importe? L'essentiel, c'est d'abord qu'il l'ait rendue ce qu'elle est : réparatrice, nécessaire, populaire, indéracinable comme idée dans l'esprit de la nation, acceptée par tous les partis, ayant pu seule accomplir ce qu'aucun d'eux, dans l'état actuel des choses, n'eût voulu même tenter : le salut, le rachat, l'union et l'apaisement de la France ; — c'est encore qu'il lui consacre ces vertes années de vieillesse infatigable, cette aptitude infaillible à toute chose, cet esprit plus jeune que jamais, ce cœur où l'amour de la patrie a mis tant de flamme communicative.

Le vœu que nous émettons là doit être celui du parti conservateur tout entier, qui ne voit de possible et de pratique que ce Gouvernement et cette République, et dont les sentiments le témoignent en un langage bien autrement énergique que le nôtre. Dût-on qualifier encore de dictature ce pouvoir que M. Thiers ne revendique pourtant ni n'exagère — du désintéressement, du travail, du bon sens et de l'expérience, — c'est encore à cette main vigoureuse, seule ou aidée du concours de l'Assemblée, que l'histoire attribuera la meilleure part de notre régénération, le plus beau rôle dans la situation miraculeuse de cette France dont il est l'honneur, l'exemple et l'affection.

XII

Sera-ce tout, cependant? Ce noble et pacifique triomphe d'une politique toute de sagesse, cette victoire, qui ne coûtera ni un sacrifice à la loi ni un repentir à la conscience, — faudra-t-il la regarder comme le dernier mot de la situation, ou y puiser, au contraire, un redoublement d'énergie et de persévérance dans une foi si bien inspirée et justifiée?

De pareilles questions ne se posent pas. Plus la mer est souriante, la traversée heureuse et le beau temps continu, plus le pilote consulte le ciel et songe au lendemain, instruit qu'il est par le souvenir des tempêtes passées. Qu'on nous pardonne la banalité de cette image, toujours vraie pour cette génération. Eclairée par tant de catastrophes et ne se fiant pas plus que Palinure aux perfidies de l'atmosphère, — *cœli deceptus fraude sereni,* — elle n'en cède pas moins aux dieux inférieurs qui l'endorment et se jettent sur elle pendant son sommeil. Celui dont la catastrophe de Sedan l'a réveillée avait duré dix-huit ans, et lui coûte tout ce qu'elle a si vaillamment reconquis ou expié depuis qu'elle a remis ses destinées à des mains que la veillée n'appesantit pas, mais qui ont besoin, pour mener le vaisseau à bon port, du concours de tout l'équipage.

Jamais, hâtons-nous de le reconnaître, il ne lui fut plus acquis qu'en ce moment, et jamais aussi moment plus favorable ne récompensa plus de courage et de dévouement. Pendant que la nation apportait joyeusement des milliards à l'œuvre du rachat de son territoire, — la récolte s'annonçait dans des conditions de prospérité inouïe, magnifique accessoire qui avait manqué à l'Emprunt de l'année dernière. On eût dit que la Providence, voulant en quelque sorte se mettre de la partie, avait pris à tâche de montrer au monde stupéfait des ressources de notre crédit, ces autres ressources, non moins admirables et non moins efficaces, nées de la fécondité du sol, comme les premières de l'activité et de l'intelligence de ceux qui l'habitent.

Mais cet Emprunt, œuvre et symbole de la liquidation et de la délivrance, aura un but non moins important, un caractère non moins glorieux, une portée non moins significative. Il attestera la consolidation comme il a attesté l'union, l'affermissement comme l'apaisement. Plus il aura rappelé d'humiliations et de douleurs, plus il contiendra de fiertés et de consolations. Plus il aura ajouté à la réprobation de ceux dont l'incapacité et la perversité ont perdu la France, plus il inspirera de reconnaissance envers ceux dont les services et les vertus l'ont sauvée. Dernière, mais définitive consécration d'une déchéance sur laquelle il n'y a plus à revenir, — pas plus que sur la légitimité de l'institution républicaine, — il sera la meilleure incitation des honnêtes gens à la stabilité et à l'amélioration d'un régime dont le principe ne fait plus question, puisqu'il EST, et dont le perfectionnement seul ne sera plus qu'une formalité constitutionnelle à édicter (1).

N'ayant plus de goût aux changements et ne voyant, d'ailleurs, si de nouvelles folies l'y poussaient, de choix qu'entre la Commune et l'Empire qu'elle répudie avec la même résolution, — il y a dans la préférence actuelle de la Nation autant

(1) Voir à l'Appendice.

de certitude du nécessaire que de discernement de l'avanta-
geux. A peine remise de catastrophes où tout, jusqu'à son
nom, a failli sombrer, les longues supputations politiques lui
font peur, comme au plus ingénieux de ses poètes les longs
ouvrages.

Que lui offriraient d'ailleurs les partis?

Ni la liberté, assurément, ni l'ordre, ni le travail, ni la
confiance, qu'ils se sont déclarés impuissants à rétablir, et
qu'ils déclarent encore incompatibles avec tout autre gouvernement qu'avec celui dont M. Thiers est le chef.

Une forme nouvelle? Là encore, nous n'invoquons d'autre
témoignage que le leur : impossibilité absolue. Monarchie, où
est le roi? Empire, d'où reviendrait l'empereur? Radicalisme
ou communisme, sauf les journaux qui en vivent, qui voit là
un gouvernement? Rois introuvables, empereur inadmissible,
tribuns fabuleux ou bandits fantastiques, tel est à la lettre, et
à moins de retomber immédiatement en pleine guerre civile,
l'appoint actuel de tout ce qui n'est pas la République conservatrice.

Elle n'est pas seulement la nécessité et le salut; elle est le
droit et l'acclamation, le vote libre et l'affection enthousiaste,
le choix légal et la gratitude universelle. Elle a des imperfections, des dangers, des ennemis, — qui en doute? Elle vit
cependant, elle gouverne, elle est souveraine de par la loi et
de par le fait : *Regnat, vincit, imperat,* comme disaient les
premiers chrétiens. Son seul défaut, c'est, comme tout ce qui
est humain, de ne pas être éternelle.

Jouissons-en pourtant, et puisqu'il n'y a, en dehors d'elle,
que la sédition armée, ne nous trouvons pas si malheureux
déjà de vivre en République, moins parce que nous ne pou-
vons — c'est encore un mot des partis — faire autrement, que
parce qu'aucun d'eux n'eût fait et ne ferait mieux qu'elle ; —
moins parce qu'elle s'impose que parce qu'elle repose; moins
enfin parce qu'elle a payé l'ennemi, refait une armée, relevé
le pays et rétabli l'ordre, que parce qu'elle nous garantit paix,

travail, progrès, sécurité. Elle est assise; qu'importe le reste?
Pacte de Bordeaux, essai loyal, provisoire... On dirait que ces
mots ont vieilli d'un siècle et que la République, après quatorze cents ans de monarchie, a fait, elle aussi, un pacte avec
le temps.

Conservons-la donc, puisqu'elle nous conserve. Le parti
monarchique qui compte dans son sein tant d'hommes de nom,
de situation, d'illustration, d'influence et de vertus considérables aura, s'il le veut, la part incontestablement la plus
haute dans cette transformation finale d'où dépendent le salut
de la France, l'équilibre de l'Europe et la paix de la civilisation chrétienne.

APPENDICE

Puisque cette éventualité d'une Constitution future se
trouve sous notre plume, qu'il nous soit permis de
reproduire, — ce ne sera pas sortir de notre sujet, —
au contraire, — les deux articles suivants parus dans
divers journaux, le premier le 2 août, le second le 6 août
courant.

I

A propos de Constitution.

Il y a toujours de l'enfant chez l'homme et de l'homme
dans une nation. Et de toutes les faiblesses naturelles à l'enfant et à l'homme, il n'en est pas de plus familière à une
nation que cette tendance, tournée chez nous à la manie, de
répondre à chaque prospérité par des projets sans nombre, à
chaque succès par des théories, à chaque garantie de stabilité
et de paix par des plans de solidification et de prolongation
qui ne servent le plus souvent qu'à ébranler l'édifice et à
abréger le repos que l'on comptait goûter à son ombre.
Toutes les fois qu'au sortir d'une révolution ou d'un despotisme, elle a cru respirer un air plus libre et se mouvoir sur
un terrain moins agité, la France n'a jamais manqué à cette

fantaisie puérile de sa nature, entretenue d'ailleurs par les ambitieux, les sophistes et les poltrons, qui y trouvent également leur compte : se donner une Constitution. C'est-à-dire immobiliser dans un texte et imposer dans une loi, qui n'est ni la loi civile, ni la loi criminelle, la formule crue définitive de ses destinées, les droits et les devoirs des citoyens en même temps que ceux du gouvernement, la norme dogmatique et inviolable hors de laquelle il n'y a ni salut social, ni liberté politique.

A l'accomplissement de cette œuvre qui souvent ne devait pas même avoir un an d'existence, elle a chaque fois convoqué les plus grands esprits, qui lui ont apporté celui-là la science du droit, cet autre l'expérience de l'humanité, ceux-ci les exemples empruntés à l'étranger, les leçons de l'histoire, l'éloquence, la philosophie, le paradoxe surtout et le calcul. Et de solennelles manifestations, des fêtes enthousiastes, des serments et des imprécations, des larmes de joie et des espérances sans fin ont chaque fois salué l'inauguration du monument de papier laborieusement échafaudé tantôt par les membres d'une Assemblée, tantôt par les serviteurs d'un souverain. Et chaque fois aussi, de tous les éléments confusément jetés dans la fournaise intellectuelle où l'on croyait, comme le bon Horace, parachever un produit plus éternel que le bronze — *œre perennius*, — sortait comme de la chaudière où les sorcières de Macbeth amalgament leurs ingrédients sinistres, quelque chose de semblable à ce qu'elles appellent elles-mêmes une œuvre sans nom, *a work without name.*

Cela sans doute a vécu, fonctionné, gouverné, exercé les penseurs, les casuistes, les intrigants et les cuistres ; servi tantôt de barrière aux scrupuleux, tantôt de prétexte aux anarchistes, mais toujours, toujours — nous ne savons même si cela a été inventé pour autre chose — de palladium et de masque à toutes les tyrannies d'en haut ou d'en bas. Voyez l'histoire : plus les gouvernements sont mauvais, plus ils légifèrent. Les plus prompts à faire litière de toute liberté et de toute morale sont les plus jaloux à édicter un catéchisme sacré comme l'arche, les plus respectueux envers ce qu'ils appellent Pacte fondamental, Constitution, Charte, Acte additionnel, Sénatus-Consulte. Si bien qu'à la meilleure même des treize ou quatorze constitutions dont la France s'est, depuis soixante-dix ans, tour à tour et identiquement affolée et dégoûtée, on pourrait dire ce que Lamartine, dans une de ses plus belles inspirations, disait au Christ :

> Et les tyrans prenant ta foi pour diadème,
> Ont doré de ton nom le joug des nations.

Mais quelque autorité — nous voulons bien faire cette concession — qu'elles aient eue pendant le régime qu'elles symbolisaient et protégeaient, à quoi ont servi toutes ces codifications des intérêts, des prétentions et des aberrations de leurs bénéficiaires? Qui d'entre eux les a invoquées à l'heure de la chute, et quelle catastrophe ont-elles, nous ne dirons pas conjurée, mais simplement fait hésiter?

Les Constitutions républicaines de 1791, de 1792, de l'an III, de l'an VIII, de l'an X ont-elles empêché la Terreur, Fructidor et Brumaire? Les Constitutions de l'empire ont-elles sauvé Napoléon en 1814, et la Charte octroyée les Bourbons revenus à la même époque? L'Acte additionnel des Cent-Jours n'a-t-il pas été déchiré après Waterloo, comme la deuxième Charte de Louis XVIII devait l'être en 1830, et celle de 1830 en 1848? Quant à la Constitution de 1848, que M. de Montalembert qualifiait, devant ceux-là même qui l'avaient mise au monde, de « vestale de carrefour perpétuellement violée, » que pourraient lui reprocher ces Constitutions napoléoniennes de 1851, de 1852 et de 1870, flanquées de leurs sénatus-consulte et de leurs plébiscites, les plus habiles et les plus sages, disaient leurs admirateurs, et de toutes cependant les plus brutalement et les plus irrémédiablement éparpillées au souffle des colères et des haines nationales?

Que déduire de ces leçons, sinon deux vérités d'une opportunité flagrante et que nous ne rappelons qu'à cause de cette opportunité même et des tentatives de l'esprit de parti à revendiquer pour l'Assemblée actuelle le rôle et le titre de Constituante :

D'une part, l'ignorance à peu près universelle et l'indifférence, plus absolue encore, du peuple pour ce que contiennent et promettent les Constitutions, dont pas une, il faut leur rendre cette justice, ne lui a mis les armes et ne lui mettra désormais le bulletin de vote à la main.

Et d'un autre côté, l'unité complète, pour ne pas dire la témérité injustifiable qu'il y aurait, à l'heure magnifique et tutélaire où nous sommes, à jeter dans ce pays — si calme, si reconnaissant, si confiant surtout, et dans cette Assemblée qui n'a bien mérité de lui que parce qu'elle n'a pas failli à la mission qu'elle lui a donnée, — les germes d'une agitation à la fois infructueuse et interminable, aussi contraire au repos du pays qu'à la dignité et, disons-le franchement parce que cela est, aux prérogatives de l'Assemblée.

Entendons-nous bien pourtant, et de ce qu'une Constitution nous semblerait en ce moment la plus frivole des occupations sérieuses, n'en concluons pas que l'Assemblée n'ait encore de hautes et redoutables obligations constitutionnelles à remplir,

— elle ou celle qui lui succédera, peu importe, la question n'est pas là.

C'est, au contraire, parce que, sans fabriquer de Constitution et sans perdre à ce labeur le meilleur de son temps et de ses aptitudes, l'Assemblée peut aider d'une manière bien plus efficace à l'affermissement et au développement de la République conservatrice, — que nous insistons sur la préférence qu'il lui importe d'accorder à de bonnes lois organiques, que tout le monde comprend et par conséquent respecte, parce qu'elles ont, ces lois, un fonctionnement et une vie tangibles et visibles en quelque sorte. Cette lettre morte, ce fétiche obscur, cet oracle toujours muet, qu'on appelle une Constitution et qu'on ne sort jamais du sanctuaire que pour le secouer comme la robe sanglante de César ou comme la torche d'Erostrate, quelle compensation ou quelle garantie offrirait-elle à un pays et à un gouvernement qui n'ont pas eu besoin de Constitution écrite pour réaliser en moins d'une année et demie le merveilleux épanouissement de forces, de travail, d'honneur, d'abnégation et de régénération qui tient le monde comme il tiendra l'histoire, suspendu entre l'admiration et la reconnaissance?

De bonnes lois, et pas autre chose ; la tâche est aussi imposante qu'elle sera féconde. Le suffrage universel à éclairer et à affranchir, une deuxième Chambre à créer, la magistrature à organiser, les services publics à remanier, et tous ces immenses intérêts de l'armée, de l'instruction publique, des grandes industries, de l'agriculture ; il y a là mieux et plus à faire qu'à manipuler une Constitution. Ni le plus grand peuple de l'antiquité, Rome, ni la plus libre nation des temps modernes, l'Angleterre, n'en eurent besoin pour fournir leur carrière. Ne laissons pas dire, — on l'a trop dit, — que la France républicaine vit encore des errements du passé et qu'elle n'est le peuple le plus révolutionnaire que parce qu'elle est celui qui fait le plus de Constitutions.

II

Faut-il une Constitution?

Il y aura, dans quelques jours, quatre-vingt-trois ans que la grande Constituante (séances des 20, 22, 23, 25 et 26 août) délibéra, sous le titre de Déclaration des droits de l'homme et du citoyen, les principes de 89, que toutes les Constitutions ultérieures, plus ou moins explicitement, confirmèrent et garantirent comme la base du droit public des Français.

Il y a eu deux ans, le 23 avril dernier, que le *Bulletin des lois* promulguait, sous le vocable de Constitution de l'Empire français, la dernière des quatorze Constitutions que ce pays a, depuis 1791, successivement réclamées, acclamées, violées, lacérées, raillées, et dont pas une, pas une, entendons-le bien, n'a protégé un gouvernement contre une révolution, ne s'est protégée elle-même contre lui, et n'a contribué en quoi que ce soit au bien ou au progrès que la liberté ou l'autorité ont pu réaliser pendant cette période presque séculaire.

Il y a un peu moins de dix-huit mois, — la France, trahie, et livrée par l'Empire, — vaincue, écrasée, démembrée par l'Allemagne, — déchirée par la guerre civile, était à ce point descendue de ses grandeurs légendaires que l'étranger, comme dit l'Ecriture, était forcé de se baisser pour la voir.

Depuis moins d'un an, elle est remontée aussi haut qu'elle était aux plus grandes dates de son histoire. Pour payer l'ennemi, qui a traité au prix de cinq milliards et de deux provinces, elle a fait deux emprunts : l'un de deux milliards, pour lequel on lui en a apporté quatre, il y a de cela un an ; l'autre, de trois milliards, il y a de cela six jours, auquel sa capitale a répondu en lui en offrant treize, ses départements cinq et le monde entier vingt-quatre.

Or, depuis la chute de l'Empire au 4 septembre jusqu'au moment prestigieux de relèvement et de force où nous sommes, et pour la première fois, par conséquent, depuis 89, ELLE N'A PAS DE CONSTITUTION. Et c'est justement en ce moment que certains partis, aussi volontairement aveugles en face des splendeurs du présent que sourds aux enseignements du passé, parlent de lui en fabriquer une dont elle sentirait le besoin et sans laquelle le gouvernement actuel, le seul véritablement libre, économe et honnête de ce siècle, ne devrait être considéré que comme un expédient et une transition.

Si peu sérieuse que soit cette campagne nouvelle entreprise de concert par le légitimisme, la démagogie et l'impérialisme, ces trois ennemis-nés de toute constitution sérieuse, — puisqu'ils ne représentent chacun que le droit divin, brutal et farouche, de l'hérédité, du désordre et de la force ; — si humiliante que soit pour notre génération, après tant de souffrances, d'expiations et de compensations, cette prétention qui ne cache, on le sait bien, que des vanités, des appétits et des ambitions également démesurés ; — il faut en dire un mot cependant, et ne pas laisser croire que le laborieux et glorieux édifice que salue et bénit l'Europe, ait besoin pour couronnement d'un chiffon de papier déjà noirci par quelque Siéyès de sacristie, d'estaminet ou d'antichambre, ce genre de sophistes étant inépuisable et n'ayant manqué à aucune tyrannie d'en haut ou d'en bas, couronne ou bonnet rouge, mitre ou petit chapeau, sabre ou bâton, depuis Papinien jusqu'à Troplong et depuis Dracon jusqu'à la Commune.

Tout d'abord, qui la ferait, cette Constitution ? L'Assemblée actuelle n'en a ni le mandat, ni la vitalité. Qui la sanctionnerait ? La nation ne veut plus de plébiscites, et si, par hasard, on ne lui donnait pas une Constitution républicaine, recourrait-on au chassepot pour la lui faire agréer ?

Qui la promulguerait ? Le gouvernement institué par elle manquerait d'autorité, le gouvernement antérieur d'impartialité.

Que règlerait, que fixerait, qu'imposerait cette Constitution ? La forme du gouvernement existe, les principes antérieurs et supérieurs n'ont plus besoin d'être affirmés. Les droits de l'Etat et ceux de la nation non plus. Quant à ce qu'on appelle les grands pouvoirs et les grands corps, objet spécial de toutes les constitutions, une bonne loi électorale et un bon règlement parlementaire suffisent à l'organisation de l'Assemblée, qui, seule aujourd'hui, représente la souveraineté, — aussi bien qu'à celle de la seconde Chambre à venir, qui contrôlera les décrets de la première, et dans les cas de conflit, s'unira soit à elle soit au pouvoir exécutif. Et en ce qui concerne le pouvoir lui-même, est-ce qu'une loi encore ne serait pas la meilleure des garanties contre tout empiétement, le principe de la séparation des pouvoirs n'étant jamais invoqué en vain dans une République?

Nous pourrions ainsi passer en revue toutes les matières constitutionnelles qui ont, *ab origine*, fait couler tant de torrents d'éloquence, d'encre et de sang dans notre malheureux pays, et démontrer — ce qui est, en somme, le meilleur argument contre les maniaques de constitution écrite, — qu'il n'est pas une de ces prescriptions si minutieusement et si prudemment édictées dans les pactes fondamentaux discutés par les assemblées ou octroyés tout faits par les souverains, qu'on ne trouve prévue dans l'ensemble des lois de notre droit commun, ou qu'il ne soit facile, si elle n'y est pas, d'y faire entrer sous cette forme, la seule que le peuple comprenne.

Et à supposer, d'ailleurs, qu'il manque quelque chose à notre organisme politique, qui peut, qui doit y pourvoir, sinon l'Assemble nommée par le suffrage universel, pour faire non une Constitution qui répugne et qui embarrasse, mais des lois que chacun respecte et qu'on ne peut violer sans crime, tandis qu'une Constitution.... L'histoire la plus contemporaine nous donne à ce propos de tels exemples qu'on se demande si ce n'est pas avec l'arrière-pensée de quelque coup d'Etat que certaines sénilités dépravées implorent à grands cris une Constitution toute neuve?

Avouons-le franchement ; ce qu'ils poursuivent, c'est beaucoup moins la stabilité, la fin du provisoire, le vœu national obéi, la sécurité et le règne de la loi, cinq résultats matériellement et indiscutablement acquis, que la probabilité, au moyen d'une Constitution, d'un pouvoir personnel quelconque, royauté, empire, dictature, voire même présidence républicaine, qui remplacerait M. Thiers par l'objet de leur choix, lequel objet, à son tour, remplacerait la République par autre chose. Ce n'est pas plus malin que cela.

Mais là, précisément, est l'écueil. Inutile, inopportune, surannée, impuissante, — méritât-elle cent fois plus encore ces épithètes rédhibitoires, — une Constitution ne devrait pas pourtant désespérer à tout jamais d'éclore ; on a vu de si étranges choses dans notre pays ! Mais ce qu'il nous paraît impossible d'y voir, pour longtemps au moins, aussi longtemps que cette noble terre du travail, de l'héroïsme, du dévouement et de l'esprit ne sera pas devenue la proie de la paresse, de la lâcheté, de l'ingratitude et de la stupidité, c'est le retour, — autrement que par une surprise et un abandon, — d'une dynastie avec ou sans masque. Là est pour nous la condamnation principale des Constitutions.

Sans doute, il faut une tête à un gouvernement, et, à ce compte, la France a mis la main sur la meilleure. Croit-on, oserait-on dire que c'est à un autre qu'à M. Thiers, chef d'une République qu'on sait faite à l'image de sa loyauté et de son intelligence, que les 42 milliards de l'Emprunt ont été offerts?

On objecte, nous le savons bien : « Mais c'est à la France, à « son crédit, à ses ressources, à sa parole que l'on prête. » Soit, et nous le disons aussi. Mais que seraient et que pèseraient dans la confiance universelle ce crédit, cette parole et ces ressources, si un autre gouvernement, dirigé par un autre homme, eût traité avec l'ennemi et fait appel à toutes les forces vives de la nation? — France et République, cela ne fait plus qu'un, et avec M. Thiers, qu'un encore.

« C'est toujours bien fait, » écrivait Washington à Lafayette, « de regarder les Français comme invincibles. Mais je vais « vous confier un grand secret, d'après une expérience de qua-« rante ans : il n'y en a pas de plus aisés à battre quand ils ont « perdu la confiance en leurs chefs, et ils la perdent tout de « suite quand ils ont été compromis à la suite de l'ambition « particulière et personnelle. »

Washington ne parlait alors que de la France militaire. Mettez à la place la France civilisatrice, et voyez combien sont actuelles les paroles de ce grand homme, combien fondées les répugnances de ce pays pour une Constitution qui ne pourrait, en effet, que le « compromettre à la suite de l'ambition parti-« culière et personnelle. »

Versailles. — Imprimerie de E. AUBERT.